AF393164

Kiliposa Kamel sucht den König

Von Stefanie Hofmann-Hidde

Kinderbuchverlag Kiliposa

© 2023 Kinderbuchverlag Kiliposa

Illustriert von: Stefanie Hofmann-Hidde
(www.hofmann-hidde.de)
Lektorat: Tresnak Lektorat
(www.tresnak-lektorat.de)
Herausgegeben von: Kinderbuchverlag Kiliposa
(www.kiliposa.de)
Verlagslabel: Kinderbuchverlag Kiliposa

ISBN Softcover: 978-3-384-01592-1

Druck und Distribution im Auftrag des Kinderbuchverlag Kiliposa: tredition GmbH, Heinz-Beusen-
Stieg 5, 22926 Ahrensburg, Germany

Der Verlag für starke Kinder!

Der Kinderbuchverlag Kiliposa veröffentlicht philosophische und politische Bücher für Kinder, liebevoll illustriert und kindgerecht aufbereitet.

Kiliposa Kamel lebt mit den beiden Alpakas **Bärbel** und **Gretchen** im Garten von Helmut und Annette.

Kiliposa hat jede Menge Ideen und Einfälle, verursacht hin und wieder großes Chaos und stellt sehr gerne ungewöhnliche Fragen.

Das glaubt ihr nicht?
Na, dann lest selbst!

„**Wisst** ihr, wen ich lange nicht mehr gesehen habe? Den König. Ich habe wirklich schon sehr lange den König nicht mehr gesehen. Ihr vielleicht?"

Kiliposa schaute Bärbel und Gretchen an.

Bärbel zog die Stirn kraus: „Welchen König vermisst du denn genau, Kiliposa?"

Kiliposa antwortete: „Na, unseren König meine ich natürlich. Den König von uns allen."

Bärbel schaute skeptisch: „Aha, also unseren König suchst du ..."

Gretchen sagte nichts, sie schien aber nachzudenken.

„Ob es etwas zu bedeuten hat, wenn wir den König lange nicht gesehen haben?", fragte Kiliposa weiter.

„Hm, vielleicht hat er zu viel zu tun?", entgegnete Bärbel.

„Oh, das ist natürlich möglich. Aber was genau hat so ein König denn zu tun?", hakte Kiliposa nach.

„Och, womöglich muss er auf seine Königskinder aufpassen. Die Königin ist vielleicht gerade auf Reisen. Dann muss er ja alles alleine machen."
Kiliposa nickte: „Ja, das kann sehr gut sein. Ein König hat ja sehr viel zu tun ... Aber was genau hat ein König zu tun?"
Bärbel dachte kurz nach: „Nun ja, ich denke, er muss auf seine Bürgerinnen und Bürger aufpassen. Und Brücken bauen. Und Schwimmbäder und Schulen natürlich. Und er muss aufpassen, dass alle genug zu essen und zu trinken haben. Insbesondere auf die Kinder muss er aufpassen. Die sind extrem wichtig. Sie brauchen viel Essen, damit sie groß und stark werden. Und nette Eltern und Geschwister.

Das ist natürlich sehr viel Arbeit. Das ist auch für einen König eine ganze Menge!"
Kiliposa nickte. Das schien ihr sehr vernünftig.

„Sagt mal, seid ihr verrückt geworden?!?"
Gretchen schüttelte wütend den Kopf: „Von welchem König redet ihr?"
Bärbel zuckte die Schultern: „Hm, keine Ahnung, Kiliposa hat angefangen."
Kiliposa warf Bärbel einen grimmigen Blick zu. Diese Verräterin!

„Ich rede von unserem sehr beschäftigten König, der auf uns alle aufpasst. Besonders auf die Kinder. Aber natürlich auch auf die Tiere. Also auch auf dich, Gretchen!"
Kiliposa war sehr überzeugt.

Gretchen warf Kiliposa einen drohenden Blick zu: „Wir, du und ich. Und Bärbel natürlich. Wir leben in Deutschland. Und da gibt es keinen König!"

Kiliposa blickte ungläubig: „Was soll denn dieses Deutschland sein? Wir leben im Garten von Helmut und Annette. Und die beiden sind nicht der König und die Königin, soweit ich weiß. Also: Wo steckt der König? Und die Königin? Wo ist die?"

Gretchen wurde ungeduldig: „Der Garten von Helmut und Annette befindet sich in Deutschland. Deutschland ist ein sehr großes Land, da ist viel Platz für viele Gärten und Häuser, Ställe und eben auch für Tiere und Kinder. Aber einen König, den gibt es da nicht."

Kiliposa zögerte: „Aber eine Königin, die gibt es doch, oder?"

„Nein, es gibt auch keine Königin in Deutschland", schimpfte Gretchen zurück.

Doch Kiliposa wollte das nicht glauben und hakte nach: „Und wer, bitteschön, passt dann auf uns auf?"

Gretchen überlegte kurz: „Ich würde sagen, das machen die Gesetze. Die passen auf uns auf. Das sind die Regeln, damit alles funktioniert. Damit die Schulen gebaut werden, die Krankenhäuser funktionieren und alle hier etwas zu essen haben. Und dann gibt es die Politikerinnen und Politiker, die sich um die Regeln kümmern, und die Polizei, die aufpasst, dass alle sich an die Regeln halten."

„Ooh, das klingt ja wahnsinnig kompliziert. Wer sind denn bitte diese Politikerinnen und Politiker? Und wer ist die Polizei? Wäre es nicht mit einem König oder einer Königin schöner? Und einfacher?", entgegnete Kiliposa.

„Hmm, ich glaube nicht. An die Regeln müssten sich dann ja trotzdem alle halten. Und so haben wir eben ganz viele Menschen, die sich darum kümmern, dass unsere Regeln gut sind und funktionieren", erwiderte Gretchen.

„Außerdem: Die können sich das dann zusammen überlegen. Vielleicht treffen die sich zum Grillen und überlegen sich die Sachen. Oder sie gehen alle zusammen an den Strand und machen ein paar neue Gesetze.

Die sind quasi alle zusammen der Chef. Ein König müsste das ja ganz alleine machen. Dann hätten wir nur einen einzigen Chef, der alles entscheidet. Aber so alleine ist das doch viel zu kompliziert." Gretchen schnaufte. Jetzt kam ihr das Ganze auch ganz schön verwirrend vor.

Sie überlegte weiter:

„Ich glaube, ohne König ist es besser. Außerdem können die Menschen alle paar Jahre neue Politikerinnen und Politiker aussuchen. Wenn die letzten schlecht waren, wählen sie einfach neue aus. Das geht bei einem König oder einer Königin ja nicht so einfach. Den müsste man auch dann behalten, wenn er ein doofer König wäre. Und das wäre bestimmt nicht so gut. Was meinst du denn Bärbel? Sag' doch auch mal was!"

Bärbel zuckte die Schultern: „Mir ist das egal. Für mich sind Helmut und Annette die Chefs. Und die beiden sind super. Was interessiert mich da dieser komische König?!? Brauch' ich nicht, will ich nicht."

Kiliposa nickte: „Stimmt. Helmut und Annette sind super. Wir werden die Beiden zu unserem König und unserer Königin machen! Das ist wirklich das Beste!" Gretchen schüttelte den Kopf und suchte das Weite: Erst einen König suchen, den es gar nicht gab, und nun auch noch das! Das Herrchen als König! So weit kam es noch ...

Außerdem im Kinderbuchverlag Kiliposa erschienen:

"Das fabelhafte Buch der Tier-Rate-Geschichten"
Ab 5 Jahren

Buchtyp: Hardcover
ISBN: 978-3-347-76864-2

Buchtyp: E-Book
ISBN: 978-3-347-76865-9

Jede Geschichte in diesem Buch handelt von einem anderen Tier. Ähnlich einem Rätsel erfährt der (kleine) Leser in der jeweiligen Geschichte immer mehr Details über das gesuchte Tier: Lebensraum, Aussehen, Fressgewohnheiten oder ähnliches. Um den Rate-Spaß perfekt zu machen, findet sich das Bild mit der Auflösung am Ende jeder Geschichte auf der abgewandten Seite. Es gibt sowohl heimische, als auch fremde Tiere im Buch und die Themen in den Geschichten (Freundschaft, Gerechtigkeit, Fairness) regen zu Empathie, Rücksichtnahme und Verständnis an.

„Rokko und Lenni – Das Schiffswrack am Korallenriff"

Ab 5 Jahren

Buchtyp: Softcover
ISBN: 978-3347779709

Krake Rokko und
Delfin Lenni sind
Beste Freunde und
sie erleben so manches
Abenteuer zusammen.
Als sie eines Tages am

Korallenriff ein Schiffswack finden, wollen sie es sich natürlich ansehen. Vielleicht gibt es im Schiffswrack etwas Tolles zu entdecken. Aber vor allem wollen Rokko und Lenni das Schiffswrack wieder loswerden. Es gehört doch nicht auf den Meeresgrund! Doch wie soll das klappen? Oder bleibt es jetzt für immer im Korallenriff liegen? Rokko hat eine famose und gleichzeitig rettende Idee.

„Das wunderbare Malbuch der Tier-Rate-Geschichten"
Ab 5 Jahren

Buchtyp: Softcover
ISBN: 978-3347773325

Das große Wiedersehen!

In „Das wunderbare Malbuch der Tier-Rate-Geschichten" treffen große und kleine Künstler die vielen verschiedenen Tiere aus „Das fabelhafte Buch der Tier-Rate-Geschichten" wieder. Die Seiten sind nur einseitig bedruckt und laden zu tierischem Malspaß für Groß und Klein ein.